MÉTHODE

COMPLÈTE

DE LECTURE,

PRÉPARANT

A L'ÉTUDE DE L'ORTHOGRAPHE ET DE LA BONNE PRONONCIATION,

A L'USAGE

DES ENFANTS DES VILLES ET DES CAMPAGNES, DES ADULTES, DES ÉTRANGERS, DES BEGUES ET DES SOURDS-PARLANTS ;

PAR M. PIROUX,

Directeur de l'Institut des sourds-muets de Nancy.

ADOPTÉE PAR LE CONSEIL ROYAL DE L'INSTRUCTION PUBLIQUE.

4ᵉ Édition,

CONSIDÉRABLEMENT SIMPLIFIÉE ET AMÉLIORÉE.

Prix : 25 centimes.

PARIS,

DEBÉCOURT, LIBRAIRE, RUE DES SAINTS-PÈRES, N° 69.

NANCY,

CONTY, LIBRAIRE, RUE SAINT-DIZIER, N° 1.

1839.

MÉTHODE

COMPLÈTE

DE LECTURE,

PRÉPARANT

A L'ÉTUDE DE L'ORTHOGRAPHE ET DE LA BONNE PRONONCIATION,

A L'USAGE

DES ENFANTS DES VILLES ET DES CAMPAGNES, DES ADULTES
DES ÉTRANGERS, DES BÈGUES ET DES SOURDS-PARLANTS;

PAR M. PIROUX,

Directeur de l'Institut des sourds-muets de Nancy;

ADOPTÉE PAR LE CONSEIL ROYAL DE L'INSTRUCTION PUBLIQUE.

4ᵉ Édition,

CONSIDÉRABLEMENT SIMPLIFIÉE ET AMÉLIORÉE.

Prix: 25 cent.

PARIS,

Debécourt, Libraire, rue des Saints-Pères, nᵒ 69.

NANCY,

Conty, Libraire, rue de la Poissonnerie, nᵒ 1

1838.

AVANTAGES DE CETTE MÉTHODE.

Ces avantages sont : 1° d'être on ne peut plus attrayante ; 2° d'avoir un but éminemment moral et religieux ; 3° d'exercer toutes les facultés, depuis la simple vue jusqu'au raisonnement (si l'on veut) ; 4° d'être rigoureusement analytique, synthétique et analogique ; 5° de partir du point le plus bas pour s'élever graduellement, sans la moindre omission, au point le plus haut ; 6° de réunir en un seul et même système tous les procédés de lecture sanctionnés par l'usage et réduits à leur juste valeur ; 7° d'aller d'abord de la langue parlée à la langue écrite, et ensuite de la langue écrite à la langue parlée ; 8° de se prêter à toutes les manières de voir tant soit peu saines en pareille matière, et de pouvoir être étudiée, en même temps, dans ses principales parties, pour faire faire diversion ; 9° d'offrir le tableau complet des éléments matériels de la parole et de l'écriture, classés d'après leur nature et leurs rapports ; 10° d'être en tous points expérimentale et rationnelle ; 11° d'être à la portée de toutes les intelligences, de tous les âges, de toutes les conditions, et même de la classe si intéressante des enfants qui sont reçus dans les salles d'asile ; 12° de préparer à l'étude de l'orthographe, et de rectifier et perfectionner la prononciation ; 13° d'ouvrir la porte aux études subséquentes, sans rien torturer, sans rien exagérer ; 14° enfin d'éclaircir et de redresser définitivement les idées des maîtres sur la lecture, et par là de favoriser l'introduction, dans l'instruction primaire, de toutes les réformes désirables, d'y assurer de plus en plus le règne de la bonne foi et de la droite raison, et de contribuer à y dévoiler le charlatanisme, dont le secret mobile est la plus vile cupidité, et dont les moyens de succès sont les plus trompeuses apparences.

NANCY, IMPRIMERIE DE THOMAS ET Cie.

23e LEÇON

Phrase et mot:

Il écoute l'instituteur

Mots et syllabes:

il a é cou te l'in sti tu teur

Sons:

i é ou e in i u eu

Articulations:

te que te le ste te te re

☞ Exercez l'élève à lire les douze phrases dans les douze dessins; on à les répéter à la vue des dessins seulement.

3ᵉ LEÇON.

Phrase et mots.

il tâche de bien lire

Mots et syllabes.

il tâ che de bien li re

Sons.

i â e e ien i e

Articulations.

le te che de be le re

Amenez l'élève à lire les douze phrases, en lui montrant
avec le doigt le mot écrit correspondant au mot parlé.

il imite un modèle d'écriture

il imite un modèle d'écriture

i i i et un o o o e é a i u e

le the le ne de le de droi i

Phrase et mots.

il cultive son jardin

Mots et syllabes.

il cul ti ve son jar din

Sons.

i u i e on a in

Articulations.

le cue le te ve se je re de

Obligez l'élève à prononcer bien distinctement chaque phrase, chaque mot, et, plus tard, chaque syllabe.

Phrase et mots.

il porte une fleur à sa mère

Mots et syllabes.

il por te u ne fleur à sa mè re

Sons.

i o e u e e eu à a è e

Articulations.

le pe re te ne fle re se me re

Faites lire à l'élève les mots de chaque phrase, en commençant par le dernier ou tout autre.

Phrase et mots.

il goûte sur le gazon

Mots et syllabes.

il goû te sur le ga zon

Sons.

i oû e u e a on

Articulations.

le gue te se re le gue ze.

Après la lecture des phrases et des mots, passez à celle des syllabes.

8ᵉ LEÇON.

Phrase et mots.

il pêche à la ligne

Mots et syllabes.

il pê che à la li gne

Sons.

i ê e à a i e

Articulations.

l le pe che l le gne

Faites lire à l'élève les syllabes, en les lui montrant et en
vous arrêtant un peu sur chacune.

Phrase et mots.

il se hâte de secourir son ami

Mots et syllabes.

il se hâte de se cou rir son a mi

Sons.

i e â e e e ou à on a i

Articulations.

le se he te de se cu re re se me

Faites dire à l'élève les syllabes dans un ordre quelconque.

il retourne à son travail

Phrases interprétées par les dessins qui précèdent.

victor va à l'école.

il écoute l'instituteur.

il tâche de bien lire.

il imite un modèle d'écriture.

il cultive son jardin.

il porte une fleur à sa mère.

il goûte sur le gazon.

il pêche à la ligne.

il se hâte de secourir son ami.

il va dire une prière.

il se trouve à une grande fête.

il retourne à son travail.

Faites lire ces phrases à l'élève dans un ordre quelconque, en procédant, à la fin, par mots.

14e LEÇON.

à un il de la le sa se va
une son sur ami bien hâte
fête mère lire goûte tâche
ligne gazon pêche fleur imite
porte l'école prière modèle
écoute trouve jardin victor
grande cultive travail secourir
retourne d'écriture l'instituteur

Faites lire à l'élève ces mots dans un ordre quelconque, et commencez ici à lui faire faire des remarques sur le nombre des lettres de chacun, sur leur forme, etc.

Syllabes tirées des mots qui précèdent.

à é è i u un il d'é dè

le di tâ te ti tu co ga mè

mi mo ne fê va · ve che sa

e hâ la l'é le li re gne cou

çoû din l'in son zon bien

por tor cul vic jar sur rir

eur tour vail pri tra sti

trou gran fleur

Faites lire à l'élève ces syllabes dans un ordre quelconque, et remontez, au besoin, aux mots d'où elles sont tirées.

16e LEÇON.

Sons et articulations tirés des syllabes qui précèdent.

a à â é è ê e i o u

eu ou où an in on un.

be pe de te cue gue me

ne fe ve che je se ze

e he le re ille gne

pre tre gre fle.

Faites lire à l'élève ces sons et ces articulations dans un ordre quelconque, et remontez, au besoin, aux syllabes d'où ils sont tirés, et en particulier pour l'articulation ille ou l mouillée.

17e LEÇON.

*Sons et articulations de la langue française tirés des sons
et des articulations qui précèdent.*

Sons simples.

a é è e i o u

eu ou

an in on un.

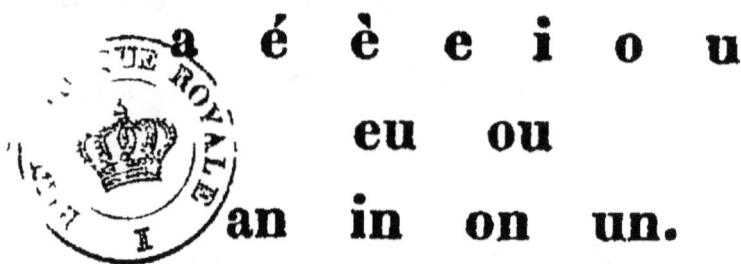

Articulations simples.

be pe de te cue gue

me ne fe ve che je se ze e he

le re ille gne.

Faites faire à l'élève toutes les remarques nécessaires
sur la différence des sons et des articulations, et exigez qu'il
apprenne cette leçon par cœur.

Classification méthodique des sons et des articulations.

Sons	simples	longs.	a	é	è	e	i	o	u
		brefs.	â	ê	ê	»	î	ô	û
	mixtes	longs.	eu	ou	an	in	on	un
		brefs.	eû	oû	»	în	»	ûn

				faibles.	fortes.
Articulations	simples	par explosion	labiales	be	pe
			dentales	de	te
			gutturales	cue	gue
		par vibration	nasonnantes	me	ne
			soufflantes	fe	ve
			chuintantes	che	je
			sifflantes	se	ze
			expirantes	e	he
	mixtes	par explosion et par vibration	linguales	le	re
			mouillées	ille	gne

Rectifiez, par cette leçon, la prononciation de l'élève, en analysant, autant que possible, l'organe vocal.

Sons doubles composés avec les sons simples qui précèdent.

i	—a	ia.
i	—é	ié.
i	—è	iè.
i	—o	io.
i	—eu	ieu.
i	—an	ian.
i	—en *(in)*	ien *(iin)*.
i	—on	ion.
o	—a	oa.
o	—i	oi.
o	—in	oin.
u	—é	ué.
u	—i	ui.
u	—in	uin.
ou	—a	oua.
ou	—é	oué.
ou	—i	oui.
ou	—in	ouin.

Articulations doubles composées avec les articulations simples qui précèdent.

be	le	ble
be	re	bre
pe	ne	pne
pe	se	pse
pe	le	ple
pe	re	pre
de	re	dre
te	re	tre
cue	se	cse
cue	le	cle
cue	re	cre
gue	ne	gne
gue	ze	gze
gue	le	gle
gue	re	gre

(Suite.)

fe	— le	———	fle
fe	— re	———	fre
phe (*fe*) te		———	phte
ve	— re	———	vre
se	— pe	———	spe
se	— te	———	ste
se	— cue	———	scue
se	— ve	———	sve
se	— phe	———	sphe
se — pe	— le	———	sple
se — te	— re	———	stre
se — cue	— re	———	scre

Faites dire à l'élève, à la 19e leçon, i—a——ia, pour i et a font ia, etc., et, à la 20e, be—le——ble, pour be et le font ble, etc.

22e LEÇON.

Sons et articulations doubles de la langue française tirés des leçons qui précèdent.

Sons doubles.

ia ié iè io ieu ian ien ion oa
oi oin (diphtongues)
ué ui uin oua oué oui ouin.

Articulations doubles.

ble bre pne pse ple pre dre
tre cse cle cre gne gze gle
gre fle fre phte vre spe ste
scue sve sphe sple stre scre.

Reprenez en sous-œuvre, à l'aide du système d'épellation propre aux 5 leçons suivantes, les 22 premières leçons, qui résument tout ce que l'on a fait de bon en dehors de l'ancienne méthode, mais qui seront toujours impuissantes pour bien enseigner, sans l'alphabet usuel, les lettres équivalentes et les lettres parasites.

23e LEÇON.

Alphabet et prononciation du nom des lettres.

a	**b**	**c**	**d**	**e**
a	bé	cé	dé	é
(*a*)	(*bé*)	(*sé*)	(*dé*)	(*é*)
f	**g**	**h**	**i**	**j**
effc	gé	ache	i	ji
(*èf*)	(*jé*)	(*ache*)	(*i*)	(*ji*)
k	**l**	**m**	**n**	**o**
ka	elle	emme	enne	o
(*ca*)	(*èl*)	(*ème*)	(*ène*)	(*o*)
p	**q**	**r**	**s**	**t**
pé	qu	erre	esse	té
(*pé*)	(*cu*)	(*èr*)	(*ès*)	(*té*)
u	**v**	**x**	**y**	**z**
u	vé	ics	i grec	zède
(*u*)	(*vé*)	(*ics*)	(*igrèc*)	(*zède*)

Alphabets.

A a	B b	C c	D d	E e
F f	G g	H h	I i	J j
K k	L l	M m	N n	O o
P p	Q q	R r	S s	T t
U u	V v	X x	Y y	Z z

25ᵉ LEÇON.

Voyelles.

a e i o u et **y**

Consonnes.

b c d f g h j k l m

n p q r s t v x z

Signes orthographiques.

Accent aigu.   Accent grave.   Accent circonflexe.

Apostrophe.   Tiret.   Tréma.   Cédille.

Il est très-avantageux pour l'élève de bien connaître cette leçon. Enseignez-la lui donc avec soin.

Épellation.

ba	be	bi	bo	bu
ca	ce *(se)*	ci *(si)*	co	cu
da	de	di	do	du
fa	fe	fi	fo	fu
ga	ge *(je)*	gi *(ji)*	go	gu
ha	he	hi	ho	hu
ja	je	ji	jo	ju
ka	ke	ki	ko	ku
la	le	li	lo	lu
ma	me	mi	mo	mu
na	ne	ni	no	nu
pa	pe	pi	po	pu
ra	re	ri	ro	ru
sa	se	si	so	su
ta	te	ti	to	tu
va	ve	vi	vo	vu
xa	xe	xi	xo	xu
za	ze	zi	zo	zu

ab	ib	ob	ub	bal	bil	bol	bul
ac	ic	oc	uc	dar	dir	dor	dur
ad	id	od	ud	fal	fil	fol	ful
af	if	of	uf	mal	mil	mol	mul
ag	ig	og	ug	nar	nir	nor	nur
al	il	ol	ul	par	pir	por	pur
ap	ip	op	up	rac	ric	roc	ruc
ar	ir	or	ur	sac	sic	soc	suc
as	is	os	us	tar	tir	tor	tur
at	it	ot	ut	val	vil	vol	vul
ax	ix	ox	ux				
az	iz	oz	uz				

Faites épeler à l'élève cette leçon et la précédente, et finissez par les lui faire lire sans épeler.

28e LEÇON.

Lettres équivalentes dans certains cas.

(Sons.)		(Articulations.)	
E ————————————	a	B ————————————	p
E — OE — AI ————	é	D ————————————	t
E — Ë — AI — AY — OI —	è	Q — K — G — X —	c
Ë — AI ————————	e	C ————————————	g
I — Y ————————	i	PH ————————————	f
Y ————————————	ii	F — w (double v) —	v
AU — U ————————	o	C ————————————	ch
Û ————————————	u	J ————————————	g
UE — OE — EW —	eu	C — Ç — T — X — Z —	s
OL — U — W —	ou	S — X ————————	z
AM — EN — EM —	an	ILL — LI — (L mouillée) —	il
IM — YN — YM — EN —	in	X ————————————	gz
OM — UN — UM —	on		
UM ————————————	un		
OY — OË ————————	oi		

Faites dire à l'élève, dans cette leçon, par exemple, E se prononce encore comme a; E, OE, AI, se prononcent encore comme é; etc.; et, dans le cours des leçons suivantes, ramenez-le souvent à celle-ci.

29e LEÇON.

Lettres équivalentes et lettres parasites.

Lecture.

Suivons Jésus-Christ ᴇᴛ son évanɢile. — Jésus-Christ a donné à sᴇs Apôtres le pouvoir d'absoudre ᴅᴇs péchés. — Dieu a défᴇndu à Adaᴍ de manɢᴇʀ du fruiᴛ d'un ᴄᴇʀtain arbre. — Abstenᴇᴢ-vous de touᴛ ce ǫui ᴇsᴛ iᴍpur. — Un ɢʀaɴᴅ avantaɢᴇ ᴇsᴛ résᴇʀvé à l'*homme* acᴛif ᴇᴛ diliɢᴇɴᴛ. — Adaᴍ ᴇsᴛ le premiᴇʀ *homme*, ᴇᴛ Ève la première fᴇᴍme. — ᴄ'ᴇsᴛ par Adaᴍ ǫue le péché ᴇᴛ la morᴛ soɴᴛ ᴇɴtrés dans le monde. — L'adoʀaᴛioɴ n'ᴇsᴛ due ǫu'à Dieu. — L'adoʀaᴛioɴ doiᴛ partir du *coeur*. — L'affᴀiʀe du saluᴛ ᴇsᴛ la plus iᴍportante. — Dieu ᴇsᴛ notre refuɢᴇ dans ʟᴇs afflicᴛioɴs. — Dieu affliɢᴇ ʟᴇs justes ᴇᴛ ʟᴇs pécheurs ᴇɴ ce monde. — Consolᴇᴢ ʟᴇs affliɢés. — Le juste se glorifie dans ʟᴇs affli cᴛioɴs.

Faites comprendre à l'élève que les lettres en caractères ordinaires se prononcent comme dans toutes les leçons qui précèdent l'alphabet, que celles en petites majuscules se prononcent autrement, et enfin que celles en caractères italiques ne se prononcent pas du tout.

30e LEÇON.

Lecture.

Imitons la patience de Jésus-Christ dans les afflictions. — Jésus-Christ est appelé agneau de Dieu. — L'agriculture est l'art de cultiver la terre. — Aimez Dieu sur toutes choses. — L'humilité est le remède à l'ambition. — La charité n'a point d'ambition. — La confusion est la fin de l'ambitieux. — L'âme de l'homme est un souffle de Dieu. — L'âme est immortelle. — On doit conserver son âme pure. — On ne peut faire mourir l'âme. — N'écoutez point votre ami en ce qui est contre Dieu. — L'ami faux ou injuste cause de grands maux. — On n'est souvent ami que par intérêt. — celui qui trompe son ami est comparé à un meurtrier. — L'ami sincère est préférable à un frère. — Restez fidèle à votre ami. — Avertissez votre ami du mal que l'on dit de lui.

Faites remarquer à l'élève que dans le cas ou une consonne finale doit se faire sentir sur une voyelle initiale, elle n'est jamais en caractère italique, bien qu'elle ne se prononce pas dans le mot auquel elle appartient.

31ᵉ LEÇON.

Lecture.

Le vrai ami ne se connaît que dans l'adversité.
— L'amitié chrétienne est agréable à Dieu. — Qui
possède l'amour de Dieu doit haïr le mal. — Dieu
protége ceux qui l'aiment. — Aimer Dieu et le
prochain c'est accomplir toute la loi. — Aimez votre
prochain et même vos ennemis. — Aimez votre
prochain comme vous-même. — La preuve de
l'amour de Dieu, c'est l'amour du prochain. —
L'amour du prochain renferme toutes les vertus.
— Les anges sont les ministres des volontés de
Dieu. — On compte neuf espèces d'anges, qui
sont : les Anges, les Archanges, les Vertus, les
Puissances, les Principautés, les Dominations,
les Thrônes, les Chérubins et les Séraphins. —
La résurrection glorieuse rendra les hommes égaux
aux anges. — Dieu a donné aux animaux les fruits
de la terre pour nourriture. — L'année est com-
posée de douze mois.

Ne croyez pas que ces lectures soient trop au-dessus de
la portée de l'élève, du moment que toutes les difficultés
matérielles en sont écartées.   3

52e LEÇON.

Lecture.

LES Apôtres sont LES douze disciples de Jésus-Christ. — Jésus-Christ a donné à SES Apôtres le pouvoir de lier ET de délier. — Jésus-Christ donna à SES Apôtres la mission d'instruire LES peuples. — Il a confié son troupeAU, brebis ET pasteurs, à saint PiErre. — JamAIS personne n'a vu Dieu. — On a seulement entendu sa voix. — L'arc-EN-ciEL est le signe de l'alliance que Dieu a fAIte avec les hommes dans les premiErs âGES du monde. — L'attachement à l'arGENt fAIt commEttre de grandes fAUtes. — L'arrogant est en abomination AUX YEUx de Dieu. — LES arts nous viEnnent de Dieu. — Jésus-Christ est monté AU ciEl en présEnce de SES disciples. — HEureux celui qui pratique l'AUmône. — L'avare sera forcé de quittEr SES richEssES. — L'avare est insatiable ET malheureux. — Dieu conuAît l'avenir AUssi bien que le passé.

Gardez-vous de croire que des phrases banales, triviales, sans justesse, sans à-propos, comme on en trouve malheureusement dans beaucoup de méthodes de lecture, diminuent la difficulté. Elles prouvent seulement l'impuissance du système et l'inanité du but.

·33e LEÇON.

Lecture.

Le baptême efface le péché originel. — Le baptême donne le Saint-Esprit. — Jésus-Christ a été baptisé. — Le baptisé est revêtu de Jésus-Christ. — La beauté est souvent une cause de corruption. — On doit bénir Dieu avec humilité. — Ne traitons pas cruellement les bêtes. — Les blasphèmes excitent la colère de Dieu. — Dieu a parlé bouche à bouche avec Moïse. — La chasteté rapproche de Dieu. — Les chrétiens doivent vivre comme Jésus-Christ. — Les chrétiens doivent vivre étrangers au monde, craindre Dieu, honorer les rois, confondre les méchants par une bonne conduite. — Le Christ est véritablement le fils de Dieu. — Le Christ qui est sans péché, porte les péchés de tous. — Le Christ viendra juger les vivants et les morts. — Dieu connaît le fond des coeurs.

Les maîtres qui veulent que l'élève ne lise que ce qu'il comprend seul, renoncent au plus puissant moyen de lui faire faire des progrès. Si les explications du maître pouvaient devenir inutiles, l'homme ne serait plus l'homme.

54e LEÇON.

Lecture.

La colère est le partage des pécheurs. — Heureux sont ceux qui s'éloignent des mauvaises compagnies. — Soyons compatissants envers le prochain. — La confession est nécessaire pour obtenir le pardon des péchés. — La confession doit être faite aux prêtres. — Dieu récompense la confiance qu'on met en lui. — La conscience pure s'examine humblement devant Dieu. — Le juste prend toujours de bons conseils. — On ne peut consulter ni les devins, ni les magiciens, ni les enchanteurs, ni les sorciers. — Malheur à ceux qui agiront sans avoir consulté le Seigneur. — Le pardon des péchés est promis à la véritable contrition. — Quand on est en conversation, on doit écouter avec douceur pour répondre avec prudence. — Dieu comble de grâces ceux qui se convertissent à lui. — Celui qui corrige aime, et celui qui ne corrige pas hait.

La vérité est que l'élève ne lit bien que quand il lit couramment même ce qu'il ne comprend pas. D'ailleurs ce n'est jamais qu'en relisant qu'il comprend bien.

Lecture.

· Dieu seul EST l'AUteur de la créATion.—Qui voudra sonder la majesté de Dieu EN sera accablé.—Celui qui cache LES défAuts d'AUtrui gagne l'amitié de tous. —Il ne doit plus y avoir de déluGE.—Le démon EST l'AUteur dES mAuvAIS dESseins.—Dieu a créé l'*homme* à son imAGE ET à sa ressEMblance.—Dieu fit Ève pour être la compagne de l'*homme*.—Dieu ENTEND ET voit tout.—Dieu EST l'ESpoir de toutes LES nations. —Nul ne peut pénétrER LES dESseins de `Dieu.— La miséricorde de Dieu EST AUSsi prompte que sa colère.—Dieu EST étERnEl, tout-puissant, immuable, juste ET bon.—C'EST un *honneur* d'évitER lES disputes.—LES mAîtres doivent être doux ENVERS leurs domEStiques.—Jésus-*Christ* a promis sa présENCE à l'église jusqu'à la fin dES siècles.—LES enfants sAGES font la gloire de leurs parENts.—ChâtiER lES enfan<i>t</i>s, c'EST une preuve qu'on lES AIme.   ·

Il en est à peu près de la lecture élémentaire comme de l'écriture, que l'on peut tracer très élégamment sans en connaître la valeur.

56ᵉ LEÇON.

Lecture.

LES enfants doivent obéir en tout à leurs parents. — L'enfer est un lieu de pleurs et de grincements de dents. — L'envie rend homicide. — Ne vivez pas dans l'erreur des impies. — L'espérance fait la joie du juste. — Dieu envoie le Saint-Esprit dans les cœurs. — L'Évangile nous procure la confiance, mais en même temps la crainte. — Il faut éviter le mauvais exemple et le scandale. — Les anges et les saints voient Dieu face à face. — Celui qui méprise les petites fautes tombera dans les grandes. — La femme bonne et vertueuse fait le bonheur de son mari. — La piété doit être le partage des femmes. — La foi est un don inappréciable de Dieu. — On doit chercher en tout la gloire de Dieu. — On ne peut se glorifier de ses avantages. — La grâce nous vient de Dieu seul. — On doit faire peu de cas des *habits*.

Après tout, un élève qui déjà apprend la lecture courante, ne peut plus rencontrer une phrase du genre de celles que renferment ces leçons, sans la comprendre de lui-même en assez grande partie.

37e LEÇON.

Lecture.

Dieu a l'*h*omicide ᴇɴ *h*orreur. — Dieu a donné à l'*h*omme l'ᴇᴍpire sur toute la nature. — L'*h*omme a été créé droit ᴇt juste. — La sᴀɢᴇsse ᴇst la compagne de l'*h*umilité. — On doit imitᴇʀ ʟᴇs bons ᴇt non ʟᴇs méchan*t*s. — Malheur ᴀᴜx impᴀtiᴇɴ*t*s. — L'impie croî*t* tous ʟᴇs jours ᴇɴ orgueil. — Dieu commande l'oubli dᴇs injures. — Lᴇs biᴇns ne profiteron*t* point ᴀᴜx injustes. — Ceux *q*ui se croien*t* sᴀɢᴇs à leurs ʏᴇux, son*t* dᴇs insᴇnsés. — L'instruction mᴇt un frein à la méchanceté. — Celui *q*ui se donne à l'ivrognerie ne s'ᴇnrichira pas. — La jalousie proviᴇn*t* de l'orgueil. Elle ᴇst ᴇnnemie de la vrᴀie sᴀɢᴇsse, de la justice ᴇt de la pᴀix. — Jésus-*C*hrist ᴇst vrᴀi Dieu ᴇt vrᴀi *h*omme. Il a été trahi ᴇt livré ᴇntre ʟᴇs mains de sᴇs ᴇnnemis par un de sᴇs disciples. Il a été crucifié. Jésus-*C*hrist ᴇst Dieu, ᴇt fi*l*s de Dieu de toute éternité. Il connᴀît toutes choses.

Ne demandez pas que votre élève apprenne à lire en très-peu de temps, mais qu'il apprenne même lentement à bien lire.

58ᵉ LEÇON.

Lecture.

Tous ceux qui font la volonté de Dieu sont frères de Jésus-Christ. Il est mort pour ses ennemis. — Dieu est témoin de tout, il ne peut rendre ses jugements qu'avec équité. — Le jugement dernier sera universel et équitable. — Le juste a la loi de Dieu dans son cœur. — Dieu est le protecteur des justes. — Le juste est exposé à la haine des méchants. — La justice vient de la foi. — Les larmes des justes seront essuyées. Le juste tombe jusqu'à sept fois; mais il se relève : il n'en sera pas ainsi des pécheurs. — La langue double tombe dans le mal. — Une langue indiscrète provoque la colère de Dieu. — Dieu a créé l'homme libre. — Il est libre pour le choix de son salut ou de sa perte. — Aimer Dieu et le prochain, c'est accomplir toute la loi. — Nul ne peut servir deux maîtres comme il faut. — Un domestique ne doit point obéir aux ordres injustes de son maître.

L'instruction, qui n'est qu'une branche de l'éducation, ne doit pas commencer avant celle-ci. Elle doit l'éclairer et non l'étouffer.

Lecture.

Celui qui commet le mal, le fait en cachette, parce qu'il hait la lumière. — Ne rendez pas le mal pour le bien. — Le mal, c'est-à-dire les douleurs, les chagrins, les maladies, les pertes, les afflictions, etc., etc., est la peine due au péché. — Dieu n'est point l'auteur du mal. — On doit visiter et consoler les malades. — Recourons à Dieu dans les maladies, parce qu'il est le souverain médecin. — On ne saurait maudire ceux que Dieu veut bénir. — On doit se priver de manger de certaines viandes, en certains jours et en certains temps, par esprit de pénitence et de mortification. — La bonne harmonie entre le mari et la femme est agréable à Dieu. — Le mari est le chef de la femme, comme Jésus-Christ l'est de l'Église. — La vierge Marie excellait en vertu. — celui qui sacrifie sa vie pour Jésus-Christ sera récompensé.

Tout dans l'homme se développe simultanément. C'est pourquoi des vérités religieuses d'une grande importance ne sont point déplacées dans ce premier livre à donner aux enfants.

40ᵉ LEÇON.

Lecture.

Les méchants se prennent souvent dans leurs propres piéges. En vain ils se liguent contre les bons et les justes. — Tout se change en maux pour eux. — La médisance est défendue tout aussi bien que la calomnie. — Les médisants n'iront point au ciel. — La paix dans un ménage est préférable à la bonne chère. — Le démon est la source du mensonge. — On ne peut mentir, mais on peut et il convient quelquefois de taire la vérité. — La miséricorde de Dieu s'étend par toute la terre. — Les mauvais entretiens corrompent les bonnes mœurs. — Qui aime le monde, n'aime pas Dieu. — La sagesse du monde n'est que folie. — La mort du corps n'est aux yeux des justes qu'un sommeil. — La mort est un sujet de pleurs pour tout le monde. — Il faut pleurer les morts, non en païens, mais en chrétiens.

Si le maître attendait, pour enseigner ces vérités, que le jeune enfant, qui est naturellement si occupé de Dieu, eût entièrement appris autre chose, il ne serait plus temps : la première place, celle qui appartient au sentiment religieux, serait prise pour toujours.

Lecture.

Tous les morts ressusciteront. —Le nom de Dieu est saint, élevé au-dessus de tout. — On doit gagner sa nourriture à la sueur de son front. —Il faut donner de la nourriture à ceux qui ont faim. — L'homme ne se nourrit pas seulement des fruits de la terre, mais bien de la parole de Dieu. — On doit vêtir ceux qui sont nus. —Dieu a créé la lune et les étoiles pour présider à la nuit. —Dieu préfère l'obéissance aux sacrifices. — Jésus-Christ a donné l'exemple de l'obéissance aux parents. — Il faut persévérer dans l'obéissance. — L'œil est la lampe du corps. — De combien de péchés les yeux peuvent être la cause! —Dieu rend à chacun selon ses œuvres. —Ne faites point les bonnes œuvres par ostentation. —L'oisiveté enseigne beaucoup de mal. —L'or et l'argent perdent beaucoup de monde. — L'orgueil porte à mépriser les autres. —L'orgueil n'aboutit à rien. Il est le principe de tout péché.

Il sera très-avantageux pour l'élève d'épeler ces phrases sans voir le livre, et de les écrire sous la dictée du maître.

42ᵉ LEÇON.

Lecture.

Les insultes, les outrages et la colère sont l'apanage de l'orgueil.—Dieu a l'orgueil en abomination.—celui qui se croit quelque chose n'est rien.—L'orgueil conduit aux désirs charnels. — La vertu à opposer à l'orgueil est l'humilité.—qui a l'humilité fait un grand cas de son prochain.—L'oubli de Dieu fait tomber dans les plus grands excès.—La jalousie entre les ouvriers est très-condamnable.—L'homme a été condamné à gagner son pain à la sueur de son front. — On doit aimer la paix et la rechercher. —celui qui n'aura point pardonné, sera jugé sans pouvoir espérer de pardon.—On doit respecter et craindre ses parents.—L'amour de Dieu doit l'emporter sur celui des parents. — Les parents doivent corriger leurs enfants, et les réprimander sur leurs péchés.—Il n'y a point de danger à user d'une verge pour la correction.

Il faut que dans le premier livre tout soit à apprendre et à retenir, et que le cœur y soit plus cultivé encore que l'esprit.

Lecture.

Les parents doivent donner à leurs enfants un bien-être et pourvoir à leur mariage. — Le paresseux ne travaille point en été et mendie en hiver. — Ne parlez qu'à temps et à propos. — Il faut peser ce que l'on dit. — Les plus grands parleurs ne sont pas les plus justes. — Dieu est fidèle à sa parole. — On doit toujours l'avoir devant les yeux. — Il faut entendre la parole de Dieu avec le désir de la mettre en pratique. — La parole de Dieu est la nourriture de l'âme. — La parole de Dieu reste toujours, et doit produire son plein effet. — La patience est préférable au courage. — La patience apaise Dieu. — Dieu fait le pauvre et le riche. — Dieu est le protecteur du pauvre. — Dieu n'oublie pas les pauvres quand ils ont recours à lui. Ils sont souvent la victime des riches impies. — Qui méprise les pauvres fait injure à Dieu. — Les pauvres doivent éviter la société des riches, dont ils seraient victimes.

Nous cessons, dès cette leçon, de présenter en petites majuscules les lettres qui se prononcent irrégulièrement.

44ᵉ LEÇON.

Lecture.

Ils seront vengés des maux qu'on leur fait. —
Le péché s'accuse lui-même : il fait rougir le coupable. — Les péchés même les plus secrets seront produits au grand jour. — Dieu punit sévèrement le pécheur. — Le péché poursuit sans cesse le pécheur. — Sans la pénitence on ne peut être sauvé. — Les pensées de Dieu sont infiniment au-dessus de celles des hommes. — Un père sans honneur fait le déshonneur de ses enfants. — Les pères doivent l'instruction et la correction à leurs enfants. — Dieu a toujours recommandé aux hommes de tendre à la perfection. — La persévérance est un don de Dieu. — La piété renferme l'obéissance. — Dieu bénit ceux qui accomplissent ses préceptes. — Les préceptes sont utiles, parce qu'ils règlent les mouvements du coeur de l'homme. — Dieu est présent partout. — Les prières sont nécessaires pour soutenir la piété.

L'enfant prononce le nom de son père avant tout autre. De même, il doit, en quelque sorte, lire le nom de Dieu le premier.

Lecture.

Un bon prince doit être envers son peuple comme un bon père envers sa famille. Il doit aimer et posséder la sagesse. Il doit propager l'instruction. —Qui hait le prochain est dans les ténèbres.— La prospérité des méchants ne se maintient pas longtemps. — La providence de Dieu s'étend en général sur tout et sur chaque chose en particulier. —La puissance de Dieu est infinie.—Il faut être pur et chaste dans ses mœurs.—Celui qui cherche querelle est comme celui qui donne ouverture à l'eau.—Le railleur s'attire de grands châtiments. — Dieu est la récompense de ceux qui le craignent.— Il faut se faire une bonne réputation et la soigner. —C'est Dieu qui choisit et donne les rois.—Leur cœur est impénétrable; s'ils sont pieux, leur trône est inébranlable.—Celui qui se croit sage est pire que l'insensé.—Dieu est saint par excellence.—On doit invoquer les saints.

Nous cessons encore, dès cette leçon, de présenter en caractères italiques les lettres qui ne se prononcent pas du tout.

46e LEÇON.

Lecture.

Le salut est la grande et l'unique affaire de l'homme. — Le salut ne peut être fait que dans l'Église. — Il faut tenir secrets les défauts d'autrui. — Le bon serviteur travaille fidèlement pour son maître, lui obéit en tout et en est considéré. — L'homme agréable en société sera plus aimé qu'un frère. — Les soupçons calomnieux viennent du défaut de charité. — Il est un temps pour tout. — Le chrétien trouve en Jésus-Christ le remède contre les tentations. — Dieu ne permet pas que nous soyons tentés au-delà de nos forces. — L'homme a été condamné au travail en punition du péché. — Le travail et la douleur sont communs à tous les hommes. — Dieu est partout, il voit tout, il entend tout. — La vieillesse est vénérable, si elle est vertueuse. — Celui qui suit deux voies ne réussira pas. — La volonté de l'homme doit se conformer à celle de Dieu.

Puisse, comme nous l'espérons, cette méthode de lecture être utile aux maîtres et aux parents, aussi bien qu'aux enfants, et n'ouvrir la porte qu'à de bonnes études !

47e LEÇON.

Lecture courante.

PRIÈRES.

L'ORAISON DOMINICALE.

Notre Père, qui êtes aux cieux, que votre nom soit sanctifié, que votre règne arrive, que votre volonté soit faite sur la terre comme au ciel. Donnez-nous aujourd'hui notre pain quotidien, et pardonnez-nous nos offenses, comme nous pardonnons à ceux qui nous ont offensés; et ne nous laissez point succomber à la tentation : mais délivrez-nous du mal. Ainsi soit-il.

LA SALUTATION ANGÉLIQUE.

Je vous salue, Marie, pleine de grâce : le Seigneur est avec vous; vous êtes bénie entre toutes les femmes, et Jésus, le fruit de vos entrailles, est béni. Sainte Marie, mère de Dieu, priez pour nous, pauvres pécheurs, maintenant et à l'heure de notre mort. Ainsi soit-il.

Faites lire ces prières à l'élève le plus tôt possible.

4

46e LEÇON.

Lecture.

Le salut est la grande et l'unique affaire de l'homme. — Le salut ne peut être fait que dans l'Église. — Il faut tenir secrets les défauts d'autrui. — Le bon serviteur travaille fidèlement pour son maître, lui obéit en tout et en est considéré. — L'homme agréable en société sera plus aimé qu'un frère. — Les soupçons calomnieux viennent du défaut de charité. — Il est un temps pour tout. — Le chrétien trouve en Jésus-Christ le remède contre les tentations. — Dieu ne permet pas que nous soyons tentés au-delà de nos forces. — L'homme a été condamné au travail en punition du péché. — Le travail et la douleur sont communs à tous les hommes. — Dieu est partout, il voit tout, il entend tout. — La vieillesse est vénérable, si elle est vertueuse. — Celui qui suit deux voies ne réussira pas. — La volonté de l'homme doit se conformer à celle de Dieu.

Puisse, comme nous l'espérons, cette méthode de lecture être utile aux maîtres et aux parents, aussi bien qu'aux enfants, et n'ouvrir la porte qu'à de bonnes études !

47e LEÇON.

Lecture courante.

PRIÈRES.

L'ORAISON DOMINICALE.

Notre Père, qui êtes aux cieux, que votre nom soit sanctifié, que votre règne arrive, que votre volonté soit faite sur la terre comme au ciel. Donnez-nous aujourd'hui notre pain quotidien, et pardonnez-nous nos offenses, comme nous pardonnons à ceux qui nous ont offensés; et ne nous laissez point succomber à la tentation : mais délivrez-nous du mal. Ainsi soit-il.

LA SALUTATION ANGÉLIQUE.

Je vous salue, Marie, pleine de grâce : le Seigneur est avec vous ; vous êtes bénie entre toutes les femmes, et Jésus, le fruit de vos entrailles, est béni. Sainte Marie, mère de Dieu, priez pour nous, pauvres pécheurs, maintenant et à l'heure de notre mort. Ainsi soit-il.

Faites lire ces prières à l'élève le plus tôt possible.

4

48e LEÇON.

LE SYMBOLE DES APÔTRES.

Je crois en Dieu le Père tout-puissant, créateur
du ciel et de la terre, et en Jésus-Christ son Fils
unique notre Seigneur, qui a été conçu du Saint-
Esprit, qui est né de la Vierge Marie, qui a souf-
fert sous Ponce Pilate, qui a été crucifié, qui est
mort et qui a été enseveli, qui est descendu aux
enfers et le troisième jour est ressuscité d'entre
les morts qui est monté aux cieux, qui est assis
à la droite de Dieu le Père tout-puissant, et qui,
de là, viendra juger les vivants et les morts. Je
crois au Saint-Esprit, la sainte Église catholique,
la communion des saints, la rémission des péchés,
la résurrection de la chair, la vie éternelle. Ainsi
soit-il.

49e LEÇON.

LA CONFESSION DES PÉCHÉS.

Je confesse à Dieu tout-puissant, à la bienheureuse Marie toujours vierge, à saint Michel archange, à saint Jean-Baptiste, aux saints apôtres Pierre et Paul, à tous les Saints, et à vous, mes frères, que j'ai beaucoup péché par pensées, par paroles et par actions : c'est par ma faute, c'est par ma propre faute, c'est par ma très-grande faute. C'est pourquoi je prie la bienheureuse Marie toujours vierge, saint Michel archange, saint Jean-Baptiste, les saints Apôtres Pierre et Paul, tous les Saints, et vous, mes frères, de prier pour moi le Seigneur notre Dieu.

Que le Dieu tout-puissant nous fasse miséricorde ; qu'il nous pardonne nos péchés, et nous conduise à la vie éternelle. Ainsi soit-il.

Que le Seigneur tout-puissant et miséricordieux nous accorde le pardon, l'absolution et la rémission de nos péchés. Ainsi soit-il.

50e LEÇON.

1. Un seul Dieu tu adoreras,
   Et aimeras parfaitement.

2. Dieu en vain tu ne jureras,
   Ni autre chose pareillement.

3. Les dimanches tu garderas,
   En servant Dieu dévotement.

4. Tes père et mère honoreras,
   Afin de vivre longuement.

5. Homicide point ne seras,
   De fait ni volontairement.

6. Luxurieux point ne seras,
   De corps ni de consentement.

7. Le bien d'autrui tu ne prendras,
   Ni retiendras à ton escient.

8. Faux témoignage ne diras,
   Ni mentiras aucunement.

9. L'œuvre de chair ne désireras,
   Qu'en mariage seulement.

10. Biens d'autrui ne convoiteras,
    Pour les avoir injustement.

51ᵉ LEÇON.

LES COMMANDEMENTS DE L'ÉGLISE.

1. Les fêtes tu sanctifieras,
   Qui te sont de commandement.
2. Les Dimanches messe entendras,
   Et les Fêtes pareillement.
3. Tous tes péchés confesseras,
   A tout le moins une fois l'an.
4. Ton créateur tu recevras,
   Au moins à Pâques humblement.
5. Quatre-Temps, Vigiles, jeûneras,
   Et le Carême entièrement.
6. Vendredi, chair ne mangeras,
   Ni le samedi mêmement.

Lecture du latin (1).

PRIÈRES.

L'ORAISON DOMINICALE.

Pater noster qui es in cœlis, sanctificetur nomen tuum, adveniat regnum tuum, fiat voluntas tua, sicut in cœlo et in terra; panem nostrum quotidianum da nobis hodiè, et dimitte nobis debita nostra sicut et nos dimittimus debitoribus nostris, et ne nos inducas in tentationem, sed libera nos à malo. Amen.

LA SALUTATION ANGÉLIQUE.

Ave, Maria, gratiâ plena : Dominus tecum : benedicta tu in mulieribus, et benedictus fructus ventris tui Jesus.

Sancta Maria, Mater Dei, ora pro nobis peccatoribus, nunc et in horâ mortis nostræ. Amen.

---

(1) En lisant le latin on prononce toutes les voyelles et toutes les consonnes, si ce n'est dans certains cas particuliers, dont la plupart se rencontrent dans la lecture du français.

53ᵉ LEÇON.

Credo in Deum Patrem omnipotentem, Creatorem cœli et terræ; et in Jesum Christum Filium ejus unicum Dominum nostrum, qui conceptus est de Spiritu Sancto, natus ex Mariâ Virgine; passus sub Pontio Pilato : crucifixus, mortuus et sepultus; descendit ad inferos, tertiâ die resurrexit à mortuis : ascendit ad cœlos; sedet ad dexteram Dei Patris omnipotentis : indè venturus est judicare vivos et mortuos. Credo in Spiritum Sanctum, Sanctam Ecclesiam Catholicam, Sanctorum communionem, remissionem peccatorum, carnis resurrectionem, vitam æternam. Amen.

54e LEÇON.

LA CONFESSION DES PÉCHÉS.

Confiteor Deo omnipotenti, beatæ Mariæ semper Virgini, beato Michaeli Archangelo, beato Joanni Baptistæ, sanctis Apostolis Petro et Paulo, omnibus Sanctis et vobis, fratres, quia peccavi nimis cogitatione, verbo et opere, meâ culpâ, meâ culpâ, meâ maximâ culpâ. Ideò precor beatam Mariam semper Virginem, beatum Michaelem Archangelum, beatum Joannem Baptistam, sanctos Apostolos Petrum et Paulum, omnes Sanctos et vos, fratres, orare pro me ad Dominum Deum nostrum.

Misereatur nostri, omnipotens Deus, et dimissis peccatis nostris, perducat nos ad vitam æternam.

Indulgentiam, absolutionem et remissionem peccatorum nostrorum tribuat nobis omnipotens et misericors Dominus. Amen.

55ᵉ LEÇON.

LE DÉCALOGUE.

Ego sum Dominus Deus tuus qui eduxi te de terrâ Ægypti, de domo servitutis. Non habebis Deos alienos coram me; non facies tibi sculptile, neque omnem similitudinem quæ est in cœlo desuper et quæ in terrâ deorsum, neque eorum quæ sunt in aquis sub terrâ. Non adorabis ea, neque coles : ego sum Dominus Deus tuus, fortis, zelotes, visitans iniquitatem patrum in filios, in tertiam et quartam generationem eorum qui oderunt me, et faciens misericordiam in millia his qui diligunt me et custodiunt præcepta mea.

Non assumes nomen Domini Dei tui in vanum : nec enim habebit insontem Dominus eum qui assumpsit nomem Domini Dei sui frustra.

Memento ut diem sabbati sanctifices. Sex diebus operaberis et facies omnia opera tua. Septimo autem die; sabbatum Domini Dei tui est : non facies omne opus in eo, tu, et filius tuus, et filia tua,

56e LEÇON.

servus tuus et ancilla tua, jumentum tuum et advena qui est intra portas tuas. Sex enim diebus fecit Dominus cœlum et terram et mare et omnia quæ in eis sunt; et requievit in die septimo : idcirco benedixit Dominus diei sabbati et sanctificavit eum.

Honora patrem tuum et matrem tuam, ut sis longævus super terram quam Dominus Deus tuus dabit tibi.

Non occides.

Non mœchaberis.

Non furtum facies.

Non loqueris contra proximum tuum falsum testimonium.

Non concupisces domum proximi tui, nec desiderabis uxorem ejus, non servum, non ancillam, non bovem, non asinum, neque omnia quæ illius sunt.

Signes de la Ponctuation.

, **Virgule.**

; **Point et Virgule.**

: **Deux-points.**

. **Point.**

? **Point d'interrogation.**

! **Point d'admiration.**

... **Traînée de points.**

— **Trait de séparation.**

« » **Guillemets.**

( ) **Parenthèse.**

Exercice.

. ; ? : .... « » , ( ) — !

En général, les signes de la ponctuation correspondent à certains silences et à certaines pauses observés dans l'acte de la parole.

58e LEÇON.

NUMÉRATION.

Noms de nombre.	*Chiffres arabes.*	*Chiffres romains.*
Un.	1.	I.
Deux.	2.	II.
Trois.	3.	III.
Quatre.	4.	IV.
Cinq.	5.	V.
Six.	6.	VI.
Sept.	7.	VII.
Huit.	8.	VIII.
Neuf.	9.	IX.
Dix.	10.	X.
Onze.	11.	XI.
Douze.	12.	XII.
Treize.	13.	XIII.
Quatorze.	14.	XIV.
Quinze.	15.	XV.
Seize.	16.	XVI.
Dix-sept.	17.	XVII.
Dix-huit.	18.	XVIII.
Dix-neuf.	19.	XIX.

(SUITE.)

Noms de nombre.	Chiffres arabes.	Chiffres romains.
Vingt.	20.	XX.
Vingt-un.	21.	XXI.
etc.	etc.	etc.
Trente.	30.	XXX.
Quarante.	40.	XL.
Cinquante.	50.	L.
Soixante.	60.	LX.
Soixante-dix.	70.	LXX.
Quatre-vingts.	80.	LXXX.
Quatre-vingt-dix.	90.	XC.
Cent.	100.	C.
Cent et un.	101.	CI.
etc.	etc.	etc.
Deux cents.	200.	CC.
Trois cents.	300.	CCC.
Quatre cents.	400.	CD.
Cinq cents.	500.	D.
Six cents.	600.	DC.
Sept cents.	700.	DCC.

Noms de nombre.	Chiffres arabes.	Chiffres romains.
Huit cents.	800.	DCC.
Neuf cents.	900.	CM.
Mille.	1,000.	M ou $\bar{\text{I}}$.
Mille et un.	1,001.	MI ou $\bar{\text{I}}$I.
etc.	etc.	etc.
Deux mille.	2,000.	$\bar{\bar{\text{II}}}$.
Trois mille.	3,000.	$\bar{\bar{\text{III}}}$.
Quatre mille.	4,000.	$\overline{\text{IV}}$.
Cinq mille.	5,000.	$\bar{\text{V}}$.
Six mille.	6,000.	$\overline{\text{VI}}$.
Sept mille.	7,000.	$\overline{\text{VII}}$.
Huit mille.	8,000.	$\overline{\text{VIII}}$.
Neuf mille.	9,000.	$\overline{\text{IX}}$.
Dix mille.	10,000.	$\bar{\text{X}}$.
Dix mille et un.	10,001.	$\overline{\text{XI}}$.
etc.	etc.	etc.

61e LEÇON.

Nombres écrits en chiffres arabes à énoncer.

6, 7, 4, 1, 8, 11, 17, 15, 25, 34, 26, 38,
31, 42, 45, 48, 50, 54, 58, 60, 62, 64, 69,
70, 75, 77, 82, 84, 85, 89, 86, 88, 91, 94,
93, 96, 55, 57, 100, 103, 108, 102, 111,
113, 122, 125, 146, 155, 180, 596, 666,
984, 777, 1,002, 5,041, etc.

Nombres écrits en chiffres romains à énoncer.

V, II, X, III, XII, XVIII, XVI, XXI, XX,
XXIII, XXV, XXXII, XL, XLVII, LIII, LII,
LXV, LXIII, LXVI, LXXI, LXXIV, LXXX,
XC, LXXXV, CI, LXXXVI, CIV, CXC, CXIV,
D, DX, DC, DCXLII, DCC, DCCLX, DCCLIV,
$\overline{\text{II}}$, MDLXIV, MDCCCXXXIX, $\overline{\text{VIII}}$DCLIV, etc.

PREMIERS ÉLÉMENTS DU DESSIN LINÉAIRE.

Point.		*Triangle.*
Ligne droite.		
Ligne courbe.		*Carré.*
Ligne brisée.		
Ligne perpendiculaire.		*Rectangle.*
Ligne horizontale.		*Losange.*
Ligne oblique.		
Lignes parallèles.		*Hexagone.*
Angle aigu.		*Cercle.*
Angle droit.		*Ovale.*
Angle obtus.		

Exercez l'élève à tracer ces lignes et ces figures, afin de le préparer à bien écrire.

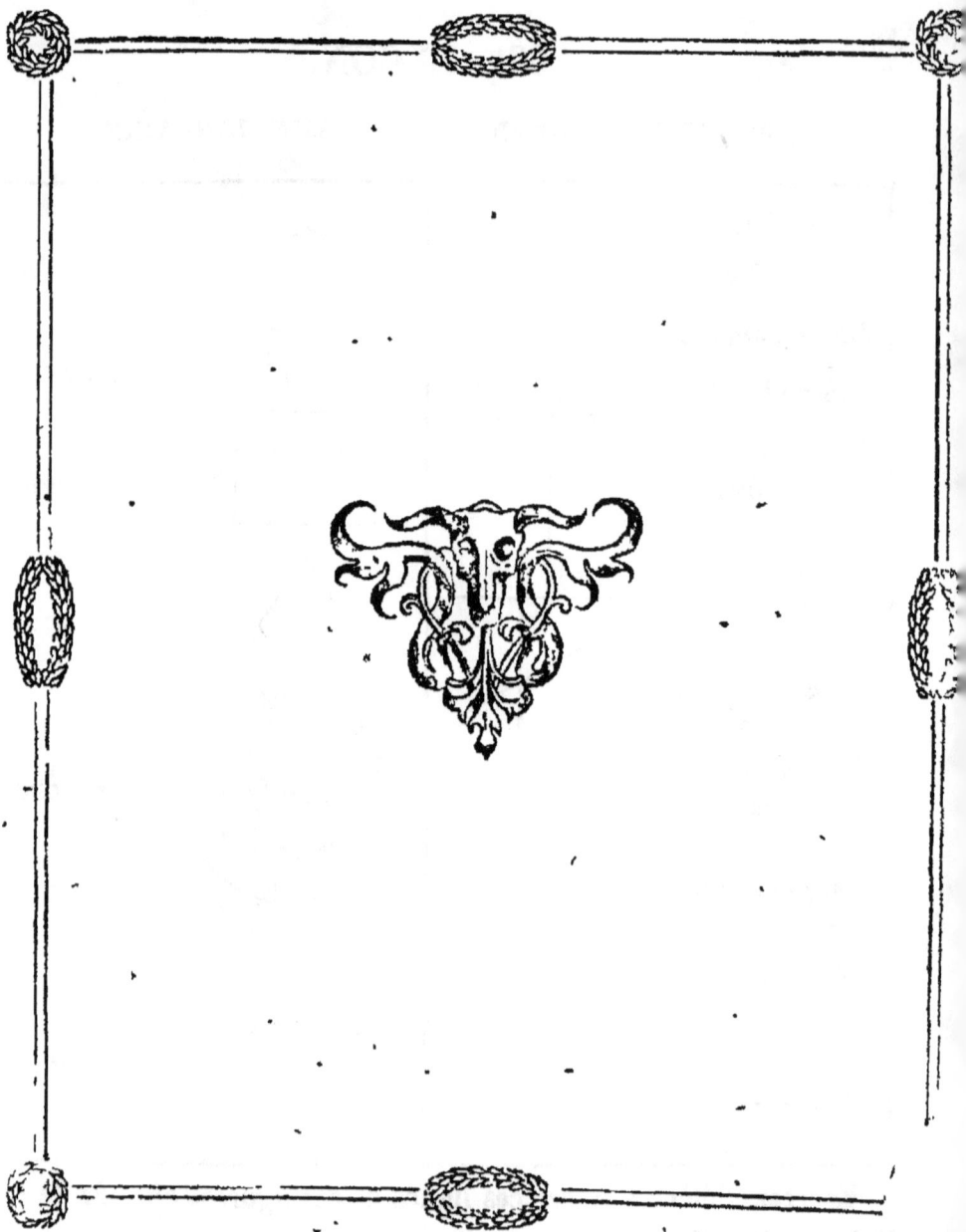

www.ingramcontent.com/pod-product-compliance
Lightning Source LLC
Chambersburg PA
CBHW070936280326
41934CB00009B/1895